**Houghton
Mifflin
Harcourt**

SenDeROs

ESTÁNDARES COMUNES

Autoras del programa

Alma Flor Ada

F. Isabel Campoy

Printed in the U.S.A.

ISBN 9780544135840

4 5 6 7 8 9 10 0868 22 21 20 19 18 17 16

4500598365 B C D E F G

Unidad 1

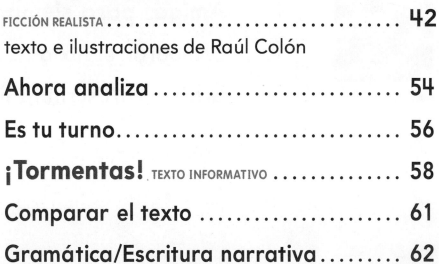

¡Hola, lector!

Durante este año leerás muchos cuentos maravillosos. En este primer libro conocerás a muchos amigos, a un abuelo especial y a un mono curioso que se mete en problemas. Leerás acerca de las personas que ayudan en el vecindario y de un gato que se va de viaje en un tren. ¡Cada día leerás mejor!

¿Estás listo para comenzar tu viaje por la lectura? ¡Dale vuelta a la página!

Las autoras

unidad 1

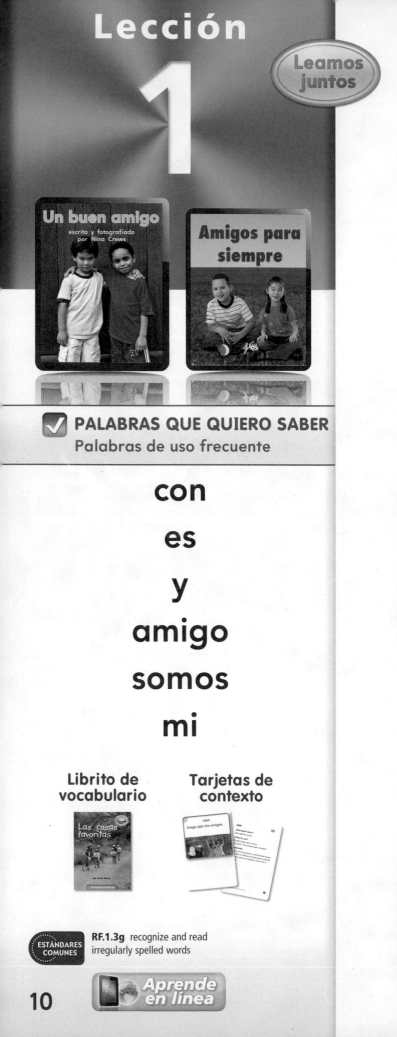
Leamos juntos

Un buen amigo
escrito y fotografiado
por Nina Crews

Amigos para siempre

✓ **PALABRAS QUE QUIERO SABER**
Palabras de uso frecuente

con

es

y

amigo

somos

mi

Librito de vocabulario

Las cosas favoritas

Tarjetas de contexto

ESTÁNDARES COMUNES **RF.1.3g** recognize and read irregularly spelled words

Aprende en línea

10

Palabras que quiero saber

▶ Lee cada **Tarjeta de contexto**.

▶ Haz una oración con una de las palabras en azul.

1 **con**

Juego con mis amigos.

2 **es**

Es divertido estar en el mismo equipo.

3 **y**

Los niños comparten el papel y la pintura.

4 **amigo**

La niña y su amigo bañan al perro.

5 **somos**

Mis amigos y yo somos actores en un festival.

6 **mi**

Mi hermana juega conmigo.

Un buen amigo
escrito y fotografiado
por Nina Crews

Leer y comprender

Leamos
juntos

Aprende
en línea

☑ **DESTREZA CLAVE**

Idea principal Mientras lees, busca la idea central acerca de la cual trata la lectura. Este es el **tema**. La **idea principal** es la idea más importante acerca del tema. Los **detalles** son datos que dicen más sobre la idea principal. Puedes escribir la idea principal y los detalles acerca de un tema en una red como esta.

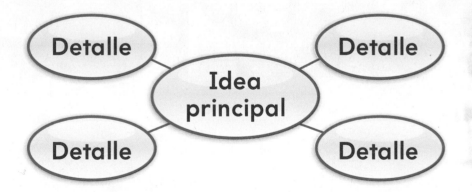

☑ **ESTRATEGIA CLAVE**

Resumir Detente para decir las ideas importantes mientras vas leyendo.

ESTÁNDARES COMUNES **RI.1.2** identify the main topic and retell key details

La amistad

¿Qué hacen los buenos amigos?

Los buenos amigos juegan juntos.

Se ayudan entre sí.

Los buenos amigos se turnan.

Son amables.

Los buenos amigos se divierten.

¿Qué haces con tus buenos amigos?

Aprenderás acerca de los amigos en

Un buen amigo.

TEXTO PRINCIPAL

Un buen amigo
escrito y fotografiado
por Nina Crews

☑ DESTREZA CLAVE

Idea principal Di la idea importante de la que trata el tema.

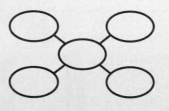

☑ GÉNERO

El **texto informativo** da información acerca de cosas que son reales. Mientras lees, busca:

► palabras que den información,

► fotografías que muestren detalles del mundo real.

ESTÁNDARES COMUNES **RI.1.2** identify the main topic and retell key details; **RI.1.10** read informational texts

Aprende en línea

Conoce a la autora y fotógrafa

Nina Crews

Nina Crews pertenece a una familia muy creativa. Sus padres Donald Crews y Ann Jonas son artistas muy conocidos. Para sus propias obras de arte, a la Sra. Crews le gusta hacer *collages* con fotos.

Un buen amigo

escrito y fotografiado por Nina Crews

PREGUNTA ESENCIAL

¿Qué es lo importante de ser un buen amigo?

Los amigos se ayudan.

Mina y Tito ayudan a Pepe.

Juego con mi amigo.

Somos buenos amigos.

Momó es mi amiga.

Papá es mi amigo.

Leo con mi amigo.

Juego con Pipo.

¿Tienes buenos amigos?

Un buen amigo
escrito y fotografiado
por Nina Crews

Ahora analiza

Leamos juntos

Cómo analizar el texto

Usa estas páginas para que aprendas acerca de la idea principal y el texto informativo. Después vuelve a leer **Un buen amigo**.

Idea principal

En **Un buen amigo**, leíste acerca de qué significa ser un buen amigo. Este es el **tema**. La **idea principal** es la idea más importante del tema. ¿Cuál es la idea principal? Los **detalles** son datos acerca de la idea principal. ¿Qué detalles encontraste acerca de los buenos amigos? Usa una red para mostrar la idea principal y los detalles.

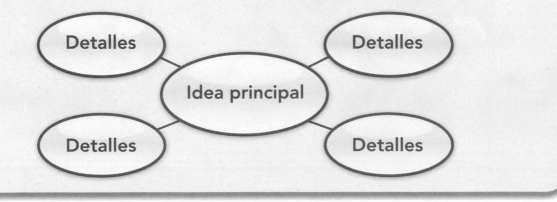

Detalles   Detalles

Idea principal

Detalles   Detalles

RI.1.2 identify the main topic and retell key details; **RI.1.10** read informational texts

ESTÁNDARES
COMUNES

Aprende en línea

Género: Texto informativo

Un buen amigo tiene detalles que son **hechos**. Los hechos son información que es verdadera. ¿Qué hechos aprendes de las palabras?

Las fotografías muestran a niños reales que son buenos amigos. ¿Qué información aprendes de las fotos?

Es tu turno

REPASAR LA PREGUNTA ESENCIAL

 **Turnarse y comentar**

¿Qué es lo importante de ser un buen amigo? ¿Qué detalles te da la lectura acerca de ser un buen amigo? ¿Qué más sabes sobre ser un buen amigo? Díselo a tu compañero. Hablen con oraciones completas.

Comentar en la clase

Conversa acerca de estas preguntas con tu clase.

1. ¿Quién podría ser un buen amigo?

2. ¿Qué cosas de **Un buen amigo** has hecho con tus amigos?

3. ¿Qué palabras hablan de ser un buen amigo?

Respuesta Lee la última página de la lectura de nuevo. Escribe una oración para responder a la pregunta. Haz un dibujo que vaya con tu respuesta.

Sugerencia para la escritura

Lee tu respuesta. Agrega detalles para dar información. Comienza tu oración con una letra mayúscula.

ESTÁNDARES COMUNES **RI.1.2** identify the main topic and retell key details; **W.1.5** focus on a topic, respond to questions/suggestions from peers, and add details to strengthen writing; **SL.1.6** produce complete sentences when appropriate to task and situation

Leamos juntos

Amigos para siempre

☑ **GÉNERO**

La **poesía** usa palabras de formas interesantes para expresar imágenes y sentimientos.

☑ **ENFOQUE EN EL TEXTO**

Cuando dos palabras **riman,** terminan con el mismo sonido, como amigo y conmigo. Aplaude al escuchar palabras que riman al final de los versos.

RL.1.10 read prose and poetry; **L.1.6** use words and phrases acquired through conversations, reading and being read to, and responding to texts

Amigos para siempre

¿Cómo puedes ser un buen amigo? Puedes jugar con tus amigos. Puedes compartir con tus amigos y ayudarlos.

Somos Mina y Tito

Con Tito mi amigo
a jugar jugamos
se viene conmigo
y a correr nos vamos.
¡Es rápido como el fuego!
Muy cansados, luego
¡jugamos a otro juego!

por F. Isabel Campoy

Espérame

Espérame que te espero,
allá en el lugar de siempre,
a casa juntas iremos:
aunque llueva,
nieve o truene,
ya sea un día de verano
o un bello día de invierno.
Espérame que te espero,
allá en el lugar de siempre,
a casa juntas iremos:
tú de azul,
y yo de verde.
Amigas somos ahora y lo seremos
¡por siempre!

por Sarah Wilson
adaptación de F. Isabel Campoy

¡Hola, Lola!

Lola,
¿sabes cómo se dice
"Hola" en inglés?
Hola se dice "Hi"
Hi, Lola!

Amigo, juega conmigo
tú en inglés y yo
en español, en dos
idiomas distintos
somos iguales tú
y yo.

por F. Isabel Campoy

Responder a la poesía

- Escucha los poemas otra vez. ¡Participa!
- Di otros versos que rimen que se les puedan agregar a uno de los poemas.

Comparar el texto

DE TEXTO A TEXTO

Comparar amigos ¿En qué se parecen los amigos de los poemas a los buenos amigos de la lectura? ¿En qué se diferencian? Haz una tabla.

Parecido	Diferente
juegan	caminan
ayudan	en la
	lluvia

EL TEXTO Y TÚ

Escribir oraciones Escribe oraciones para contarles a tus compañeros las cosas que te gustan hacer con tus buenos amigos.

EL TEXTO Y EL MUNDO

Palabras descriptivas Lee los poemas de nuevo. Busca palabras que te digan qué aspecto tienen los amigos. Busca palabras que te digan qué ven los amigos en su mundo y que ayudan a expresar cómo se sienten.

Aprende en línea

 ESTÁNDARES COMUNES **RL.1.4** identify words and phrases that suggest feelings or appeal to senses; **RI.1.9** identify similarities in and differences between texts on the same topic

Gramática

Sustantivos Algunas palabras nombran personas o animales. Algunas palabras nombran lugares o cosas. Las palabras que nombran personas, animales, lugares o cosas se llaman **sustantivos**.

Sustantivos de personas

niño

papá

Sustantivos de animales

perro

gato

Sustantivos de lugares

casa

cielo

jardín

Sustantivos de cosas

libro

puerta

cama

Conversa con un compañero acerca de cada foto. Nombra los sustantivos que ves. Luego escribe un sustantivo de la casilla para nombrar cada fotografía. Usa otra hoja de papel.

mamá   habitación   ciudad   pájaro   reloj   niña

1.

2.

3.

4.

5.

6.

La gramática al escribir

Comparte tu escrito con un compañero.
Habla acerca de los sustantivos que usaste.

ESTÁNDARES COMUNES

Escritura narrativa

☑ **Ideas** Dani dibujó y escribió acerca de sus buenos amigos y lo que hacen. Luego pensó en los detalles que agregaría. Agregó un dibujo de una pelota y una **etiqueta**.

Leamos juntos

mi Escritura genial

Aprende en línea

Borrador revisado

mi amigo Max

pelota de fútbol

Lista de control de la escritura

☑ **Ideas** ¿Tiene mi escrito detalles interesantes acerca de mis buenos amigos?

☑ ¿Usé sustantivos en mis etiquetas?

☑ ¿Escribí las letras en orden y correctamente?

¿Qué te dicen los detalles en el escrito de Dani acerca de sus buenos amigos y lo que hacen? Ahora revisa tu escrito. Usa la lista de control.

Versión final

Mis buenos amigos

mi mamá

camioneta

mi hermano

computadora

mi amigo Max

pelota de fútbol

Estrella

conejo

La tormenta
por Raúl Colón

¡Tormentas!

☑ **PALABRAS QUE QUIERO SABER**
Palabras de uso frecuente

lee

qué

una

está

dice

mira

Librito de vocabulario

Tarjetas de contexto

RF.1.3g recognize and read irregularly spelled word

ESTÁNDARES COMUNES

Aprende en línea

Palabras que quiero saber

▶ Lee cada Tarjeta de contexto.

▶ Elije dos palabras en azul. Úsalas en oraciones.

1 **lee**

En la señal se lee si se puede cruzar la calle.

2 **qué**

¿Qué les enseña el bombero a los niños?

3 una

Los bomberos responden a una emergencia.

4 está

La doctora está examinando a la niña.

5 dice

La mamá dice que el protector para el sol es importante.

6 mira

La mamá mira a su hija y sonríe.

La tormenta
por Raúl Colón

Leer y comprender

☑ DESTREZA CLAVE

Comprender a los personajes Las personas y los animales en un cuento son los **personajes**. Piensa acerca de quiénes son los personajes y qué hacen. Usa claves del cuento, llamadas **evidencia del texto**, para descubrir cómo se sienten los personajes y por qué actúan como lo hacen. Puedes escribir la evidencia del texto en una tabla como esta.

Personajes	Acciones

☑ ESTRATEGIA CLAVE

Inferir/Predecir Usa evidencia del texto para descubrir más acerca del cuento y pensar en qué podría pasar a continuación.

RL.1.3 describe characters, settings, and major events; **RL.1.7** use illustrations and details to describe characters, setting, or events

ESTÁNDARES COMUNES

40

El clima

¿Cómo sabes que se acerca una tormenta?

Mira al cielo.

Las nubes se acercan.

¿Qué podrías escuchar?

Se oyen truenos.

¡La tormenta está en camino!

En el cuento que vas a leer titulado **La tormenta**, hay mal tiempo.

Lección 2

TEXTO PRINCIPAL

por Raúl Colón

✅ **DESTREZA CLAVE**

Comprender a los personajes Di acerca de las acciones de los personajes.

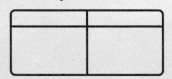

✅ **GÉNERO**

La **ficción realista** es un cuento inventado que podría ocurrir en la vida real. Busca:

▶ cosas que pudieran ocurrir realmente,

▶ personas que actúan como personas de la vida real.

ESTÁNDARES COMUNES

RL.1.3 describe characters, settings, and major events; **RL.1.7** use illustrations and details to describe characters, setting, or events; **RL.1.10** read prose and poetry

Aprende en línea

Conoce al autor e ilustrador

Raúl Colón

De pequeño en Puerto Rico, Raúl Colón estaba enfermo con frecuencia. Pasaba mucho tiempo dentro de la casa dibujando. Incluso inventó sus propias tiras cómicas. Hoy en día el Sr. Colón vive en New York y trabaja como artista y escritor.

La tormenta

Escrito e ilustrado
por Raúl Colón

Es abuelo.
¡Mira! Está mojado.

Mamá y papá lo saludan.
Tito y Pipo lo saludan.

Tito y Pipo juegan con abuelo.

¡Tito! ¡A la cama!

¿Qué pasa?
¡Es una tormenta!

Tito se asusta.
Pipo se asusta.

Abuelo dice:
—Toma, Tito.

Abuelo abraza a Tito.
Y abraza a Pipo.

¡Qué tormenta!
Abuelo lee y lee.

Ahora analiza

Cómo analizar el texto

Usa estas páginas para que aprendas más acerca de comprender a los personajes y la ficción realista. Después vuelve a leer **La tormenta**.

Comprender a los personajes

En **La tormenta**, leíste acerca de diferentes **personajes**. ¿Qué cosas importantes hacen los personajes? ¿Qué te dice esta evidencia del texto acerca de cómo son? Usa una tabla para hacer una lista de los personajes y sus acciones para ayudarte a comprenderlos mejor.

Personajes	Acciones

RL.1.3 describe characters, settings, and major events; **RL.1.7** use illustrations and details to describe characters, setting, or events

ESTÁNDARES COMUNES

Aprende en línea

Género: Ficción realista

La tormenta es un cuento que tiene comienzo, desarrollo y final. Es un cuento inventado, pero podría ocurrir en la vida real.

En la **ficción realista** los personajes actúan como personas reales. Los eventos pudieran suceder. Piensa acerca de lo que pasa en **La tormenta**. ¿Te podría pasar a ti?

Es tu turno

 mi Escritura genial

REPASAR LA PREGUNTA ESENCIAL

Turnarse y comentar

¿Qué sucede durante una tormenta? Habla acerca de qué sucede durante las diferentes partes en **La tormenta** y cómo hace que Tito se sienta. Usa palabras y acciones para dramatizar sus sentimientos en un grupo.

Comentar en la clase

Conversa acerca de estas preguntas con tu clase.

1 ¿Cómo muestra Tito sus sentimientos?

2 ¿Cómo el abuelo ayuda a Tito?

3 ¿Qué ve y oye Tito durante la tormenta?

Respuesta Mira las páginas 48 y 49. Escribe palabras para expresar cómo se siente Tito. Busca evidencia del texto. Usa las ilustraciones y las palabras en las páginas como ayuda.

Sugerencia para la escritura

Lee tu respuesta. Agrega palabras que den información.

Aprende en línea

ESTÁNDARES COMUNES **RL.1.4** identify words and phrases that suggest feelings or appeal to senses; **RL.1.7** use illustrations and details to describe characters, setting, or events; **L.1.5d** distinguish shades of meaning among verbs and adjectives

TEXTO INFORMATIVO

Leamos juntos

✓ GÉNERO

El **texto informativo** ofrece hechos acerca de un tema. Puede ser de un libro de texto, un artículo o un sitio web. Mientras lees, busca hechos de una tormenta.

✓ ENFOQUE EN EL TEXTO

Las **fotografías** muestran imágenes reales con detalles importantes. Usa estas fotografías para descubrir información sobre las tormentas.

ESTÁNDARES COMUNES **RI.1.6** distinguish between information provided by pictures and words; **RI.1.10** read informational texts

¡Tormentas!

Una tormenta es un viento muy fuerte con lluvia o nieve. A veces está acompañada de granizo o aguanieve. El aire tibio de baja presión sube con rapidez y se mezcla con el aire frío de alta presión.

¡Mira qué tormenta!

Esta es una tormenta eléctrica en Pampa, Texas

Aprende en línea

Clases de tormentas

Una tronada es una tormenta con truenos, rayos y lluvias fuertes.

Un tornado es un viento muy fuerte que gira. Tiene la forma de un cono. Un huracán es una tormenta muy grande. Tiene lluvia y vientos fuertes que giran.

La tolvanera es un viento fuerte que arrastra polvo por varias millas.

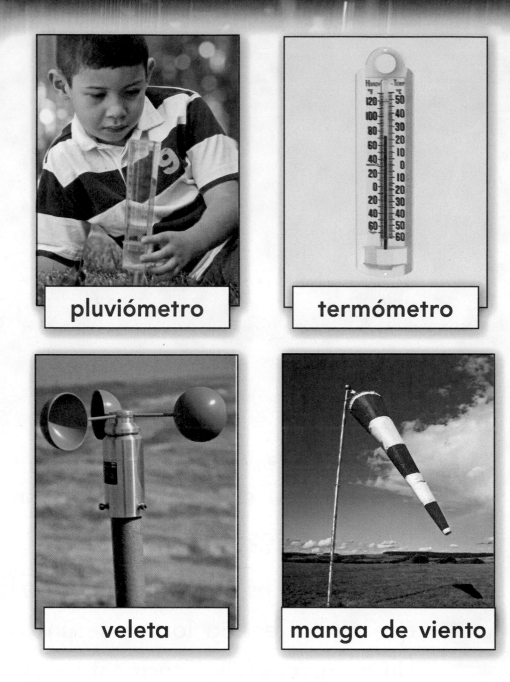

pluviómetro

termómetro

veleta

manga de viento

Medir las tormentas

Los científicos tienen instrumentos para medir las tormentas. Unos miden el calor y el frío. También miden el viento y la cantidad de lluvia y nieve.

¿Qué tormentas has visto?

Comparar el texto

DE TEXTO A TEXTO

Comparar tormentas Vuelve a mirar la lectura **¡Tormentas!** Habla acerca de cada tipo de tormenta. ¿Qué clase de tormenta vieron Tito y Pipo? Hable uno a la vez y escucha las ideas de todos.

EL TEXTO Y TÚ

Escribir oraciones Escribe acerca de alguna vez que hayas visto una tormenta. ¿Cómo cambió el clima?

EL TEXTO Y EL MUNDO

Conectar con los Estudios Sociales En una tormenta, ¿cómo pueden ayudarse los vecinos? Haz un dibujo. Díselo a un compañero.

Aprende en línea

ESTÁNDARES COMUNES — **RI.1.9** identify similarities in and differences between texts on the same topic; **W.1.8** recall information from experiences or gather information from sources to answer a question; **SL.1.1a** follow rules for discussions; **SL.1.5** add drawings or visual displays to descriptions to clarify ideas, thoughts, and feelings

Gramática

Expresar posesión o pertenencia con *de*

Cuando decimos que algo pertenece a una persona o a un animal, usamos la palabra *de*. Cuando la palabra *de* va seguida de la palabra *el*, se convierte en *del*.

Posesión o pertenencia de persona

la bici de la niña

la cama del niño

Posesión o pertenencia de animal

la pelota del perro

la cola de la gata

Habla con un compañero acerca de cada dibujo. Di de quién es cada cosa o a quién pertenece. Después escribe *de* o *del* para expresar posesión o pertenencia y completar la frase. Usa otra hoja de papel.

de	del

1. la bici _____ la niña

2. la pelota _____ la gata

3. el libro _____ señor

4. el plato _____ perro

5. el sombrero _____ niño

6. el nido _____ pajarita

La gramática al escribir

Comparte tu escrito con un compañero. Di una oración con cada frase que completaste.

ESTÁNDARES COMUNES

Escritura narrativa

✓ **Ideas** ¿Qué hizo la familia de Kit en la playa? Kit dibujó y escribió acerca de su viaje. Luego pensó en detalles nuevos. Agregó un **pie de foto** para explicar su dibujo.

Leamos juntos

mi Escritura genial

Aprende en línea

Borrador revisado

Vimos un pez.

Lista de control de la escritura

✓ **Ideas** ¿Tiene mi escrito detalles interesantes acerca de mi viaje familiar?

✓ ¿Mis pies de foto explican los dibujos?

✓ ¿Usé sustantivos para nombrar lugares o cosas?

Busca sustantivos en la versión final de Kit. Luego revisa lo que escribiste. Usa la lista de control.

Versión final

Nuestro viaje a la playa

mi familia

el castillo que hicimos

Vimos un pez.

Encontramos caracoles.

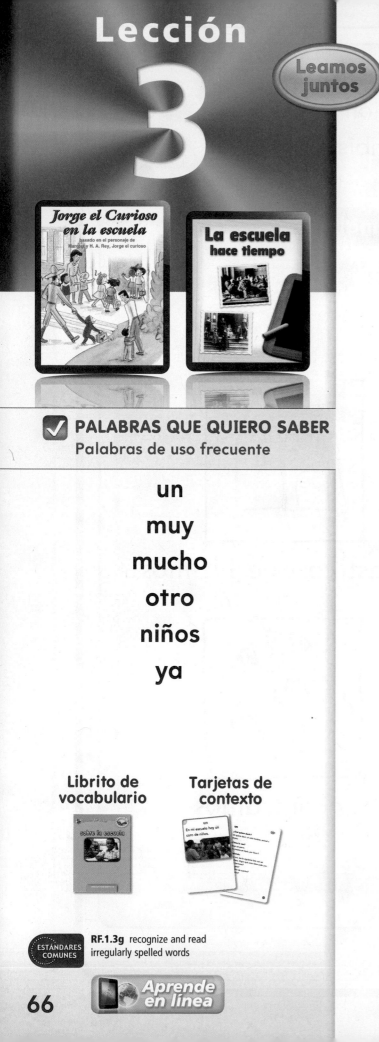

Jorge el Curioso
en la escuela
basado en el personaje de
Margret y H. A. Rey, Jorge el curioso

La escuela
hace tiempo

✓ **PALABRAS QUE QUIERO SABER**
Palabras de uso frecuente

un
muy
mucho
otro
niños
ya

**Librito de
vocabulario**

**Tarjetas de
contexto**

sobre la escuela

ESTÁNDARES
COMUNES

RF.1.3g recognize and read
irregularly spelled words

Aprende
en línea

Leamos
juntos

Palabras que quiero saber

▶ Lee cada **Tarjeta de
contexto**.

▶ Haz una pregunta en la que
uses una de las palabras en
azul.

1 **un**

En mi escuela hay un
coro de niños.

2 **muy**

La directora está muy
ocupada hoy.

3 mucho

Las niñas se divierten mucho al colorear.

4 otro

Aquí hay otro libro para que lean.

5 niños

A los niños les gusta este gato juguetón.

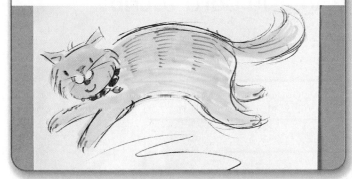

6 ya

Ahora ya pueden cruzar la calle.

Jorge el Curioso en la escuela
basado en el personaje de
Margret y H. A. Rey, Jorge el curioso

Leer y comprender

Leamos juntos

Aprende en línea

☑ **DESTREZA CLAVE**

Secuencia de sucesos Muchos cuentos hablan acerca de los sucesos en el orden en el que ocurren. Este orden se llama **secuencia de sucesos**. La secuencia de sucesos es lo que ocurre **primero**, **a continuación** y **por último** en un cuento. Puedes usar un organigrama como este para escribir acerca de los sucesos de un cuento.

Primero

↓

A continuación

↓

Por último

☑ **ESTRATEGIA CLAVE**

Verificar/Aclarar Si crees que una parte de un cuento no tiene sentido, lee esa parte de nuevo.

ESTÁNDARES COMUNES

RL.1.3 describe characters, settings, and major eventss

La escuela

¿Qué hacen los niños en la escuela?

Leen libros.

Cantan canciones.

Pintan y dibujan.

Los niños escriben letras y palabras.

¿Qué te gusta hacer en la escuela?

Lee **Jorge el Curioso en la escuela** para descubrir qué sucede en la escuela.

TEXTO PRINCIPAL

Jorge el Curioso en la escuela
basado en el personaje de
Margret y H. A. Rey, Jorge el curioso

✓ DESTREZA CLAVE

Secuencia de sucesos
Di el orden en el que ocurren las cosas.

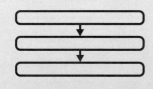

✓ Género

Una **fantasía** es un cuento que no podría ocurrir en la vida real. Mientras lees, busca:

► sucesos que no podrían ocurrir realmente,
► animales que actúan como personas.

ESTÁNDARES COMUNES **RL.1.3** describe characters, settings, and major events; **RL.1.10** read prose and poetry

Aprende en línea

70

Conoce a los creadores

Margret y H. A. Rey

¡A los niños alrededor del mundo les encanta Jorge el Curioso! Los libros del Sr. y la Sra. Rey se han publicado en español, francés, sueco, japonés y muchos otros idiomas. Desde que los Rey escribieron su primer libro acerca del pequeño mono curioso, Jorge ha aparecido en más de 40 libros, un programa de televisión y una película.

Jorge el Curioso en la escuela

basado en el personaje de
Margret y H. A. Rey, Jorge el Curioso

PREGUNTA ESENCIAL

¿Por qué es importante
ir a la escuela?

Este es Jorge.
Jorge nos ayuda.

Jorge canta.
Es gracioso.

Jorge mira las pinturas.

Jorge mezcla un poco.

Jorge mezcla otro poco.

Poco a poco mezcla mucho.
¡Qué desastre!

Jorge busca algo.
¿Qué cosa es?

Jorge ayuda.
Ayuda mucho.

¡No, Jorge, no!
¡Qué DESASTRE!
Jorge está muy triste.

Los niños ayudan.

Lo ayudan mucho.

Y Jorge ¡ya no está triste!

Ahora analiza

Cómo analizar el texto

Usa estas páginas para que aprendas más acerca de la secuencia de sucesos y la elección de palabras del autor. Después vuelve a leer **Jorge el Curioso en la escuela**.

Secuencia de sucesos

En **Jorge el Curioso en la escuela**, leíste lo que le pasa a Jorge en la escuela. Los autores escriben lo que sucede en un cierto orden. Piensa acerca de lo que pasa **primero**, **a continuación** y **por último** mientras lees. Puedes usar un organigrama para mostrar el orden de los sucesos importantes en el cuento.

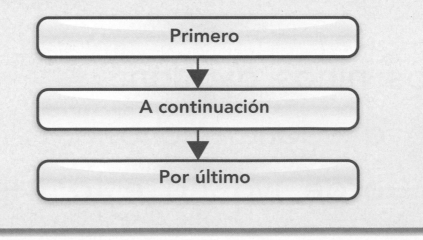

Primero

A continuación

Por último

 RL.1.3 describe characters, settings, and major events

 Aprende en línea

Elección de palabras del autor

Los escritores eligen las palabras que usan cuidadosamente. Algunas palabras ayudan a los lectores a imaginarse los sucesos. Algunas palabras dicen más acerca de un personaje.

La historia dice que Jorge es gracioso. ¿Qué otras palabras usa el autor para describir a Jorge y el desastre que hace?

gracioso

feliz

asustado

Es tu turno

REPASAR LA PREGUNTA ESENCIAL

Turnarse y comentar

¿Por qué es importante ir a la escuela? Busca evidencia en el texto que te diga qué aprende Jorge en la escuela. Cuéntale a tu compañero qué le pasa primero, a continuación y por último. ¿Qué haces en la escuela que es importante?

Comentar en la clase

Conversa acerca de estas preguntas con tu clase.

1. ¿Cómo intenta ayudar Jorge?

2. ¿Cómo ayudan los niños a Jorge?

3. ¿En qué se parece tu escuela a la de Jorge?

Respuesta Escribe oraciones para describir a Jorge. Di cómo piensas que es. Usa evidencia del texto para dar razones de por qué piensas así.

Sugerencia para la escritura

Usa la palabra **porque** cuando escribas las razones para tus ideas.

ESTÁNDARES COMUNES **RL.1.2** retell stories and demonstrate understanding of the message or lesson; **RL.1.3** describe characters, settings, and major events; **RL.1.7** use illustrations and details to describe characters, setting, or events; **W.1.1** write opinion pieces; **SL.1.4** describe people, places, things, and events with details/express ideas and feelings clearly

✓ GÉNERO

El **texto informativo**
ofrece hechos acerca
de un tema. Este es
un artículo de estudios
sociales. Lee para que
descubras cuál es el tema.

✓ ENFOQUE EN EL TEXTO

Una **tabla** es un
dibujo que presenta la
información de forma
clara. ¿Qué puedes
aprender de la tabla de
la página 88?

RI.1.5 know and use text features to locate
facts or information; **RI.1.10** read
informational texts

ESTÁNDARES
COMUNES

Aprende
en línea

La escuela
hace tiempo

Las escuelas de otro tiempo
¿Cómo iban antes los niños a la
escuela? ¿Era muy diferente a
como es ahora? En otro tiempo
no había autobuses. En lugar
de esperar un autobús, los niños
tenían que caminar mucho para
llegar a la escuela.

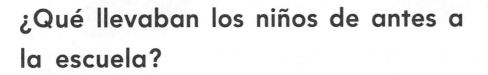

¿Qué llevaban los niños de antes a la escuela?

Los niños de antes no tenían mochilas. Cargaban sus útiles en los brazos. No tenían mucho papel. Pero ya tenían tiza y una pizarra pequeña. Y allí escribían.

¿Qué aprendían los niños de antes en la escuela?

Los niños de antes aprendían a leer, a escribir y a hacer operaciones matemáticas. Muchos maestros les enseñaban a los niños canciones graciosas. Así pasaban un buen rato. ¿Qué aprenden los niños de hoy en la escuela?

Antes	Ahora

Comparar el texto

DE TEXTO A TEXTO

Comparar géneros ¿Es el cuento de Jorge el Curioso real o inventado? ¿Cómo lo sabes? Di cómo sabes que **La escuela hace tiempo** es un cuento real.

EL TEXTO Y TÚ

Relacionar con las experiencias Piensa en algo que Jorge el Curioso hizo que tú también hayas hecho. Escribe acerca de eso.

EL TEXTO Y EL MUNDO

Dibujar un mapa Dibuja un mapa de tu salón de clases. Muestra dónde te sientas. Describe tu salón de clases a un compañero.

 Aprende en línea

ESTÁNDARES COMUNES   **RL.1.5** explain major differences between story books and informational books; **W.1.8** recall information from experiences or gather information from sources to answer a questiont

Gramática

Verbos de acción Algunas palabras dicen lo que las personas y los animales hacen. Estas palabras de acción se llaman **verbos**.

saltar

jugar

correr

batear

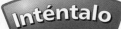

Escribe un verbo de la casilla para nombrar la acción en cada ilustración. Usa una hoja aparte. Luego dramatiza uno de los verbos. Pide a un compañero que adivine qué verbo es.

pintar ayudar beber mezclar

1.

2.

3.

4.

📏 La gramática al escribir

Cuando revises tu escrito, usa verbos de acción para decir las cosas que haces.

ESTÁNDARES COMUNES

Escritura narrativa

✓ **Elección de palabras** Los escritores usan sustantivos exactos para que el lector tenga una imagen clara. ¿Qué cosas hizo la clase de Leah? Leah escribió acerca de las actividades. Después cambió el sustantivo **cosas** por un sustantivo exacto.

Leamos juntos

mi Escritura genial

Aprende en línea

Borrador revisado

libros
Todos leímos ~~cosas.~~

Lista de control de la escritura

✓ **Elección de palabras** ¿Usé sustantivos que son exactos?

✓ ¿Usé verbos de acción para decir lo que hicimos?

✓ ¿Escribí las letras con claridad y correctamente?

✓ ¿Escribí una oración final?

Encuentra sustantivos y verbos en la versión final de Leah. Después revisa tu escrito. Usa la lista de control.

Versión final

Diversión en la escuela

Todos leímos libros.

Escribimos cuentos.

Después cantamos canciones.

¡Hoy fue muy divertido!

Lección

4

Leamos juntos

El vecindario de Lucía
por George Ancona

Ratón de campo y Ratón de ciudad

✓ **PALABRAS QUE QUIERO SABER**
Palabras de uso frecuente

soy

para

en

gusta

de

bien

Librito de vocabulario

Tarjetas de contexto

ESTÁNDARES COMUNES

RF.1.3g recognize and read irregularly spelled words

Aprende en línea

Palabras que quiero saber

▶ Lee cada **Tarjeta de contexto**.

▶ Habla acerca de una foto usando la palabra en azul.

1 **soy**

El dentista dice que soy un buen paciente.

2 **para**

Los bomberos están para ayudar a los demás.

3

en

¿Quién entrega el correo en tu casa?

4

gusta

A mí me gusta el pan caliente.

5

de

La veterinaria curó al perrito de mi primo.

6

bien

El pequeño koala está bien protegido.

El vecindario de Lucía
por George Ancona

Leer y comprender

Leamos
juntos

Aprende
en línea

☑ **DESTREZA CLAVE**

Características del texto y de los elementos gráficos

Los autores usan **elementos especiales**, como fotografías, mapas y dibujos, para explicar un tema. Las etiquetas y los pies de foto pueden dar más información acerca de las fotografías. Los autores también usan elementos especiales para ayudarte a obtener información. Puedes hacer una lista de los elementos y la información que aprendes en una tabla.

Elemento	Propósito

☑ **ESTRATEGIA CLAVE**

Pregunta Mientras lees, hazte preguntas. Busca evidencia del texto para ayudarte a responderlas.

ESTÁNDARES
COMUNES

RI.1.4 ask and answer questions to determine or clarify the meaning of words and phrases; **RI.1.5** know and use text features to locate facts or information

Los vecindarios

Un vecindario es el lugar en donde las personas viven.

Los vecinos son personas que viven cerca.

Los vecinos se ayudan entre sí.

Son amigables.

¿Cómo puedes ayudar a tus vecinos?

Leerás acerca de los vecinos en **El vecindario de Lucía**.

97

TEXTO PRINCIPAL

El vecindario de Lucía
por George Ancona

☑ DESTREZA CLAVE

Características del texto y de los elementos gráficos Di cómo las palabras y las fotografías dan información.

☑ GÉNERO

El **texto informativo** ofrece datos acerca de un tema. Busca:

▶ palabras que dan información,

▶ fotografías que muestran detalles del mundo real.

ESTÁNDARES COMUNES **RI.1.4** ask and answer questions to determine or clarify the meaning of words and phrases; **RI.1.5** know and use text features to locate facts or information; **RI.1.10** read informational texts

Aprende en línea

Conoce al autor y fotógrafo

George Ancona

¿Qué te gusta hacer para divertirte? A George Ancona le gusta bailar, escuchar música salsa y pasar tiempo con sus nietos. No le gusta ver la televisión ni enviar correos electrónicos. El Sr. Ancona ha escrito muchos libros, entre otros **Mi música**.

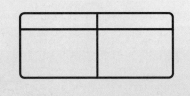

35

El vecindario de Lucía

escrito y fotografiado por George Ancona

PREGUNTA ESENCIAL

¿A quiénes puedes conocer en el vecindario?

¡Hola! Soy Lucía.
Juego a la pelota
con mis amigas.

—¡Juegan muy bien!
—dice la entrenadora.

Panadería

A Lucía le gusta la panadería.
—Me encantan los panecillos de
coco —dice Lucía.

Tienda de animales

A Lucía le gusta la tienda de animales.

—Los pájaros son divertidos —dice Lucía.

Florería

A Lucía le gustan las plantas.
—¿Es para mí? —pregunta Lucía.

Lucía es muy curiosa.
—Yo reparo las calles del
vecindario —dice Paco.

Lucía es muy curiosa.

—Yo reparo los carros del vecindario —dice Manolo.

Lucía es muy curiosa.

Se prueba los pantalones de bombero.

—¡Me quedan muy grandes! —dice Lucía.

Biblioteca

Lucía es muy curiosa.

—Yo ayudo en la biblioteca

—dice la bibliotecaria.

—Ya estamos en casa
—dice Lucía—. ¡Qué bueno!

Ahora analiza

Leamos juntos

Cómo analizar el texto

Aprende acerca de las características del texto y de los elementos gráficos, y también de la elección de palabras del autor. Después vuelve a leer **El vecindario de Lucía**.

Características del texto y de los elementos gráficos

En **El vecindario de Lucía**, el autor usa elementos especiales para dar más datos del vecindario. ¿Qué información muestran las fotografías? ¿Cómo te ayuda cada etiqueta a encontrar y entender la información? Usa una tabla para hablar acerca de los elementos especiales y la información que dan.

Elemento	Propósito

RI.1.4 ask and answer questions to determine or clarify the meaning of words and phrases; **RI.1.5** know and use text features to locate facts or information

ESTÁNDARES COMUNES

Aprende en línea

Elección de palabras del autor

Un autor piensa acerca de qué palabras usará. Elegir ciertas palabras o frases hace que la lectura sea divertida e interesante de leer. Frases como **estar a pedir de boca** o **le viene como anillo al dedo** son formas divertidas de decir **¡perfecto!**

Mientras lees, pregúntate por qué el autor usa las palabras que usa. Piensa acerca de lo que significan las palabras realmente.

Es tu turno

mi Escritura genial

REPASAR LA PREGUNTA ESENCIAL

Turnarse y comentar

¿A quiénes puedes conocer en el vecindario?

Busca evidencia del texto en **El vecindario de Lucía** para responder. Después haz un dibujo de una persona de tu vecindario. Agrégale una etiqueta. Descríbele el dibujo a tu compañero.

Comentar en la clase

Conversa acerca de estas preguntas con tu clase.

1. ¿Qué palabras puedes usar para decir cómo son los vecinos de Lucía?

2. ¿En qué se parece el vecindario de Lucía al tuyo?

3. ¿Qué te gustaría preguntarle a Lucía acerca de su vecindario?

Respuesta Elige un lugar que Lucía visita. Escribe oraciones que digan cómo es el lugar. Usa evidencia del texto, como la fotografía y las palabras de la página, para ayudarte a describir el lugar.

Sugerencia para la escritura

Comienza cada oración con letra mayúscula. Termina cada oración con un punto.

ESTÁNDARES COMUNES **RI.1.7** use illustrations and details to describe key ideas; **SL.1.5** add drawings or visual displays to descriptions to clarify ideas, thoughts, and feelings

FÁBULA

Leamos juntos

Ratón de campo y Ratón de ciudad

☑ GÉNERO

Una **fábula** es un cuento corto en el que un personaje aprende una lección. Los personajes en una fábula a menudo son animales.

☑ ENFOQUE EN EL TEXTO

Las fábulas usualmente terminan con una **lección del cuento**. La lección a veces se llama **moraleja**. Lee esta fábula para descubrir qué lección aprenden los personajes.

ESTÁNDARES COMUNES **RL.1.2** retell stories and demonstrate understanding of the message or lesson; **RL.1.10** read prose and poetry

 Aprende en línea

Teatro del lector

Ratón de campo y Ratón de ciudad

relatado por Debbie O'Brien

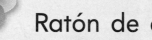

Reparto

 Ratón de campo

Ratón de ciudad

Gato

 Había una vez dos ratones.

 Soy del campo. Me gusta mi casa. Ven a comer.

 Soy de la ciudad. Me gusta la comida de allí.

Ven conmigo a la ciudad. Vamos a comer muy bien.

 Bien. Iré.

 Esta es mi casa.

 ¡Qué buena comida!

 Miau, miau. Me gustan los ratones para el almuerzo.

 ¿Qué es eso?

 Es Gato. ¡Corre, corre!

 Ratón de ciudad, en mi casa no hay mucha comida. Pero es segura. Me voy al campo.

Comparar el texto

Leamos juntos

DE TEXTO A TEXTO

Comparar sentimientos ¿Cómo se sienten Lucía y los ratones acerca de sus vecindarios? ¿Cómo lo sabes?

EL TEXTO Y TÚ

Responder al cuento ¿Qué lección aprende Ratón de campo? ¿Alguna vez te ha pasado algo así? Escribe oraciones acerca de eso.

EL TEXTO Y EL MUNDO

Hablar de los vecindarios ¿Qué o quién hace que tu vecindario sea especial? Descríbelo a un compañero. Usa detalles.

Aprende en línea

ESTÁNDARES COMUNES **RL.1.2** retell stories and demonstrate understanding of the message or lesson; **RL.1.9** compare and contrast adventures and experiences of characters; **RI.1.9** identify similarities in and differences between texts on the same topic; **W.1.8** recall information from experiences or gather information from sources to answer a question; **SL.1.4** describe people, places, things, and events with details/express ideas and feelings clearly

Gramática

 Leamos juntos

 Aprende en línea

Adjetivos Algunas palabras describen a las personas, los animales, los lugares o las cosas. Estas palabras que describen se llaman **adjetivos**. Los adjetivos pueden describir el tamaño o la forma.

Adjetivos de tamaño

alto

largo

bajo

pequeño

Adjetivos de forma

curvo

delgado

redondo

ovalado

plano

Piensa en un adjetivo de tamaño o forma para describir cada ilustración. Escribe la palabra en otra hoja de papel. Usa el adjetivo en una oración.

1.

2.

3.

4.

5.

La gramática al escribir

Cuando revises tu cuento de la clase, busca dónde puedes agregar adjetivos para decir cómo son las cosas.

Taller de lectoescritura: **Revisión**

Escritura narrativa

✓ **Elección de palabras** Cuando escribas un **cuento de la clase**, elige palabras interesantes que sean las más adecuadas.

Leamos juntos

mi **Escritura genia**l

Aprende en línea

La clase de la Srta. Soto escribió sobre su pueblo. Después cambiaron la palabra **grandes** por una palabra más clara.

Borrador revisado

Nuestro pueblo tiene un gran desfile.

Los payasos graciosos llevan

sombreros ∧ ~~grandes~~.
            altos

Lista de control de la escritura

 ¿Nuestro cuento tiene detalles interesantes?

 ¿Usamos sustantivos que son exactos?

 ¿Usamos adjetivos para hablar acerca del tamaño o la forma?

 ¿Escribimos una oración para terminar el cuento?

120

Lee nuestro cuento de la clase. Busca adjetivos. Busca palabras que indiquen orden. Ahora ayuda a revisar el cuento de la clase. Usa la lista de control.

Versión final

El desfile de nuestro pueblo

Nuestro pueblo tiene un gran desfile. Los payasos graciosos llevan sombreros altos.

Un camión de bomberos suena la sirena.

Los caballos galopan por las calles anchas.

Al final desfila una banda que toca alto.

Leamos juntos

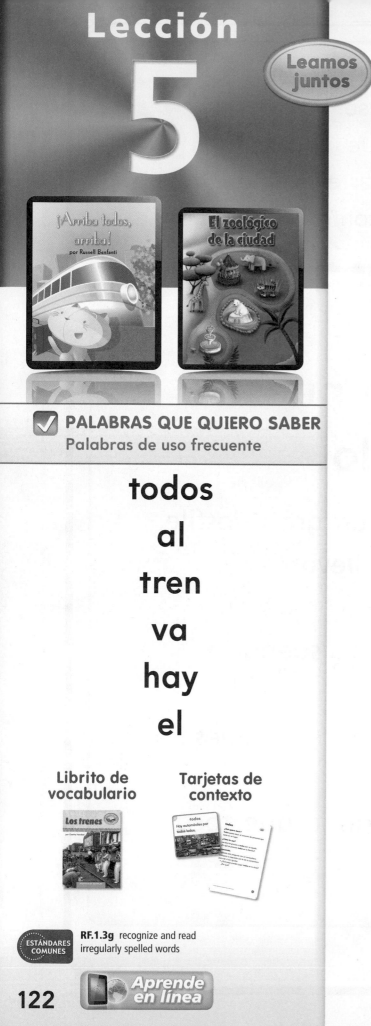

¡Arriba todos, arriba!
por Russell Benfanti

El zoológico de la ciudad

✓ **PALABRAS QUE QUIERO SABER**
Palabras de uso frecuente

todos

al

tren

va

hay

el

Librito de vocabulario

Los trenes

Tarjetas de contexto

ESTÁNDARES COMUNES **RF.1.3g** recognize and read irregularly spelled words

Aprende en línea

122

Palabras que quiero saber

▶ Lee cada **Tarjeta de contexto**.

▶ Usa una palabra en azul para contar algo que hiciste.

1 **todos**

Hay automóviles por todos lados.

2 **al**

A ella le gusta sentarse al lado de su amiga.

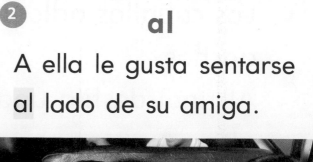

3 tren

Durante el día, el tren va muy lleno.

4 va

¿Quién va sentado en el carrito?

5 hay

No hay taxis libres a esta hora.

6 el

Vamos por el río en un yate.

¡Arriba todos, arriba!
por Russell Benfanti

Leer y comprender

Leamos juntos

Aprende en línea

☑ **DESTREZA CLAVE**

Estructura del cuento Un cuento tiene diferentes partes. Los **personajes** son las personas y los animales del cuento. El **entorno** es cuándo y dónde se desarrolla el cuento. La **trama** es los sucesos del cuento. Es el problema que los personajes tienen y cómo lo resuelven. Puedes usar un mapa del cuento para decir quiénes están en un cuento, dónde están y qué hacen.

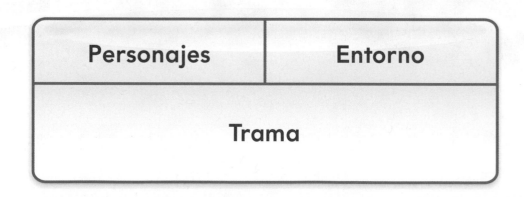

Personajes	Entorno
Trama	

☑ **ESTRATEGIA CLAVE**

Analizar/Evaluar Di qué piensas del cuento. Da evidencia del texto para decir por qué.

¿Qué puedes ver en el zoológico?

Hay muchos animales, ¡como los osos!

Puedes ver a los monos balancearse.

Puedes escuchar a los leones rugir.

¿Cuál es tu animal favorito?

Leerás acerca de un viaje al zoológico en **¡Arriba todos, arriba!**

TEXTO PRINCIPAL

¡Arriba todos, arriba!
por Russell Benfanti

☑ DESTREZA CLAVE

Estructura del cuento
Habla acerca del entorno, los personajes y los sucesos de un cuento.

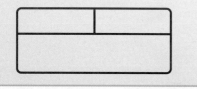

☑ GÉNERO

Una **fantasía** es un cuento que no podría ocurrir en la vida real. Mientras lees, busca:

▸ sucesos que no podrían ocurrir realmente,

▸ personajes de animales que actúan como personas.

ESTÁNDARES COMUNES — **L.1.3** describe characters, settings, and major events; **RL.1.7** use illustrations and details to describe characters, setting, or events; **RL.1.10** read prose and poetry

Aprende en línea

Conoce al autor e ilustrador

Russell Benfanti

Si te gusta el colorido arte de Russell Benfanti, entonces ve a una juguetería. Allí encontrarás juegos de mesa, juguetes y juegos por computadora que él diseñó. "¡Me encanta lo que hago!", dice el Sr. Benfanti.

¡Arriba todos, arriba!

escrito e ilustrado por Russell Benfanti

PREGUNTA ESENCIAL

¿Qué pasa en
el tren?

Beto tiene que correr para llegar al tren. Su maleta pesa mucho.

—¡Corre, Beto, corre! —dice
el conductor del tren.

Beto no puede alzar su maleta.
El conductor ayuda a Beto.

Hay muchos niños en el tren.
Beto los mira a todos.

Beto mira su maleta.
El conductor la pone arriba.

Beto juega con Lola.
Lola y Beto son amigos.

Lola ayuda a Beto.
Lola bebe. Beto bebe.

Lola y Beto beben.
¡Qué rico!

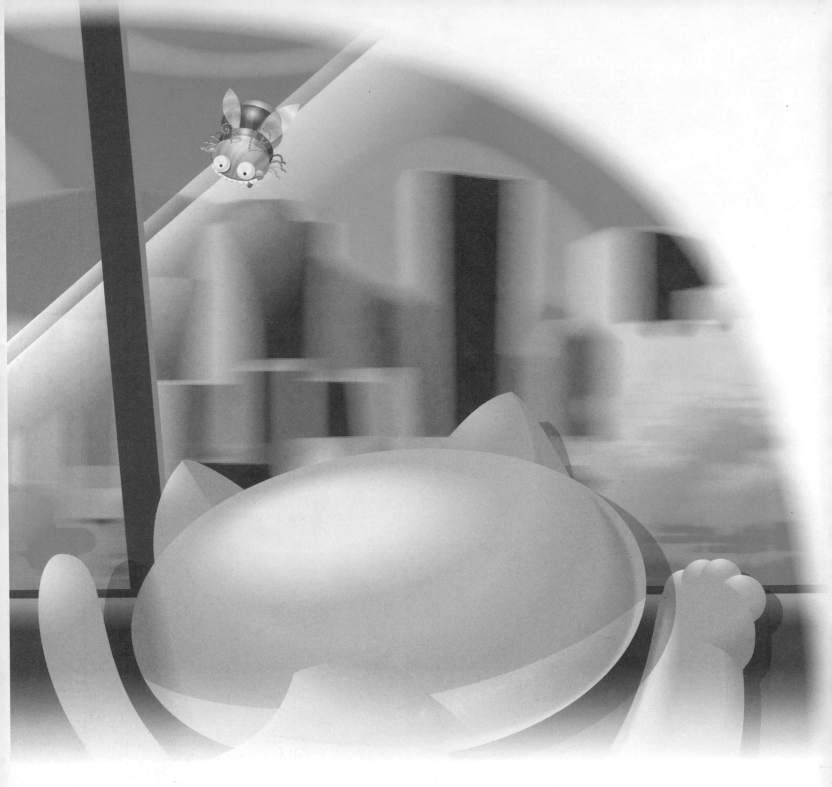

El tren **va** muy rápido.
Beto lo mira todo.

—¡Ya llegamos! —dice el conductor del tren.
—¡Qué viaje tan divertido! —dice Beto.

Ahora analiza

Cómo analizar el texto

Usa estas páginas para que aprendas más acerca de la estructura del cuento y la fantasía. Después vuelve a leer **¡Arriba todos, arriba!**

Estructura del cuento

¡Arriba todos, arriba! tiene **personajes**, **entorno** y **trama**. Todos trabajan en conjunto para contar el cuento. ¿Quiénes son los personajes? ¿Dónde están en las diferentes partes del cuento? Escribe evidencia del texto en un mapa del cuento para decir quiénes están en el cuento, dónde están y qué hacen.

Personajes	Entorno
Trama	

 RL.1.3 describe characters, settings, and major events; **RL.1.7** use illustrations and details to describe characters, setting, or events

Género: Fantasía

Este cuento es una **fantasía**. Esto significa que es inventado y que no podría ocurrir en la vida real. En el cuento, Beto habla. ¿Pueden hablar los gatos en la vida real?

Vuelve a mirar las ilustraciones del cuento. ¿Parecen que son de la vida real? ¿Qué evidencia del texto te dice que este cuento es una fantasía?

Es tu turno

 mi **Escritura genial**

 **Turnarse y comentar**

¿Qué pasa en el tren? Di qué hace Beto primero, a continuación y por último. Después haz un dibujo de algo que Beto verá en el zoológico. Descríbelo. Muestra tu dibujo mientras hablas para que te ayude a explicar tus ideas.

💬 Comentar en la clase

Conversa acerca de estas preguntas con tu clase.

1 ¿Por qué Beto toma el tren?

2 ¿Cómo ayuda Lola a Beto?

3 Piensa en el final del cuento. ¿Qué hará Beto a continuación?

Respuesta Escribe el cuento de la forma en que lo contaría Lola. Escribe oraciones para contar qué pasa al comienzo, en el desarrollo y al final del cuento.

Sugerencia para la escritura

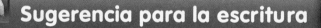

Agrega palabras como **primero, a continuación** y **por último** para contar cuándo ocurren las cosas.

Aprende en línea

ESTÁNDARES COMUNES **RL.1.3** describe characters, settings, and major events; **W.1.3** write narratives; **SL.1.5** add drawings or visual displays to descriptions to clarify ideas, thoughts, and feelings

TEXTO INFORMATIVO

Leamos juntos

☑ GÉNERO

El **texto informativo** ofrece datos acerca de un tema. Puede ser de una revista, folleto o sitio web. ¿Cuál es el tema de esta lectura?

☑ ENFOQUE EN EL TEXTO

Un **mapa** es un dibujo de un lugar. Te puede ayudar a llegar a un sitio. Una **clave** muestra lo que significan las ilustraciones de un mapa. ¿Qué significa cada ilustración en la clave de la página 143?

ESTÁNDARES COMUNES RI.1.5 know and use text features to locate facts or information; RI.1.10 read informational texts

142

El zoológico de la ciudad

¡Bienvenido al zoológico de la ciudad! Aquí hay muchos animales interesantes. Busca los animales en el mapa.

Clave

tigre

elefante

oso polar

jirafa

¡Muchos niños vienen al zoológico!

- Vienen con sus familias.

- Todos compran boletos para subir al tren.

- El tren va por todo el zoológico.

- Todos comen bocadillos.

- Miran a todos los animales y toman muchas fotos.

Se divierten muchísimo.

Comparar el texto

DE TEXTO A TEXTO

Comparar las lecturas Piensa acerca de las dos lecturas. Di cuál es inventada y cuál es real. Di cómo lo sabes.

EL TEXTO Y TÚ

Escribir una descripción Escribe para contarle a tus compañeros acerca de un viaje que hiciste. Cuéntales qué viste e hiciste.

EL TEXTO Y EL MUNDO

Conectar con los Estudios Sociales Imagina que haces un viaje para estudiar los animales. ¿Adónde irías? Encuentra ese lugar en un mapa o globo terrestre. Describe tu viaje. Usa detalles.

 Aprende en línea

ESTÁNDARES COMUNES **RL.1.5** explain major differences between story books and informational books; **W.1.8** recall information from experiences or gather information from sources to answer a question; **SL.1.4** describe people, places, things, and events with details/express ideas and feelings clearly

Gramática

Adjetivos Algunos **adjetivos** describen a las personas, los animales, los lugares o las cosas según el color o la cantidad.

Adjetivos de color

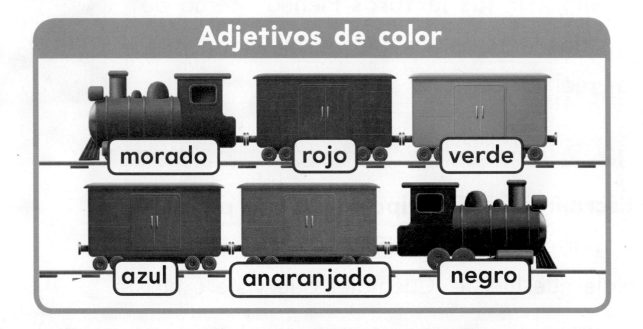

morado   rojo   verde

azul   anaranjado   negro

Adjetivos de cantidad

uno   dos   tres   cuatro   cinco

Escribe un adjetivo de cantidad y un adjetivo de color para describir cada ilustración. Comenta con tu compañero acerca de cómo los adjetivos te ayudan a decir cómo son las cosas.

1. _____ maletas _____

2. _____ gato _____

3. _____ vasos _____

4. _____ gorras _____

5. _____ insectos _____

La gramática al escribir

Cuando revises tu escrito, busca dónde puedes agregar adjetivos para decir cómo son las cosas.

ESTÁNDARES COMUNES

Taller de lectoescritura: **Revisión**

Escritura narrativa

✓ **Ideas** Cuando escribas un **cuento de la clase**, usa adjetivos para describir las cosas claramente.

La clase del Sr. Tam escribió acerca de un paseo en autobús. Usaron las palabras **primero**, **a continuación** y **por último** para contar el orden de los sucesos. Después agregaron el adjetivo **amarillo** para decir más acerca del autobús.

Borrador revisado

Primero nos subimos a
amarillo
un autobús.

 Lista de control de la escritura

✓ ¿Están los sucesos del cuento en el orden correcto?

✓ ¿Usamos palabras como **primero**, **a continuación** y **por último** para mostrar el orden?

✓ ¿Pudimos decir más cuando agregamos adjetivos?

Lee nuestro cuento de la clase. Busca adjetivos. Busca palabras que indiquen orden. Ahora ayuda a revisar el cuento de la clase. Usa la lista de control.

Versión final

Un paseo en autobús por la ciudad

Nuestra clase dio un paseo en autobús.

Primero nos subimos a un autobús amarillo.

A continuación cantamos dos canciones.

Por último vimos edificios altos y trenes largos.

Nos divertimos en nuestro viaje de la clase.

Prueba dinámica

Lee cada cuento. Mientras lees, detente y responde cada pregunta. Usa evidencia del texto.

Una mascota para Tito

Mi papá me dice: —Tito, ¿te gustan las mascotas?

Me gustan las mascotas de mis amigos.

Matute es el perro de mi amigo Bobi.

Matute corre mucho.

Me gusta el perrito de Bobi.

---

1 ¿Por qué Tito piensa que un perro es una buena mascota?

RL.1.1 ask and answer questions about key details; **RL.1.2** retell stories and demonstrate understanding of the message or lesson; **RL.1.3** describe characters, settings, and major events; **RL.1.10** read prose and poetry

Bebu es la mascota de Pepe.

Bebu mira a todos.

Corre mucho por la casa.

Me gusta mucho Bebu.

Abi es la mascota de Melisa.

¡Abi mira como Melisa lee!

Melisa dice que Abi es su amiga.

❷ Vuelve a contar el cuento. ¿Qué mascota
crees que Tito elegirá? ¿Por qué?

En el zoológico se pasa bien

Pamela y mamá van al zoológico.

Primero miran al oso.

El oso está en el barro.

¡Hace mucho lío!

A continuación miran al lobo.

¡Hay otro lobo!

> **3** Describe qué es lo que Pamela y su mamá hacen **primero** y **a continuación**.

Por último, Pamela y mamá miran la foca.

La foca es cómica.

Pamela dice a su mamá: —Me gusta el zoológico. Se pasa bien.

> **4** ¿Cuál es la idea principal del cuento? ¿Qué detalles te ayudan a saberlo?

Palabras que quiero saber

Unidad 1 Palabras de uso frecuente

❶ Un buen amigo

con

es

y

amigo

somos

mi

❷ La tormenta

lee

qué

una

está

dice

mira

❸ Jorge el Curioso en la escuela

un

muy

mucho

otro

niños

ya

❹ El vecindario de Lucía

soy

para

en

gusta

de

bien

❺ ¡Arriba todos, arriba!

todos

al

tren

va

hay

el

A

abraza

Alguien te **abraza** cuando te rodea con sus brazos y te estrecha. Mi mamá me **abraza** cuando llego del colegio.

abuelo

El **abuelo** es el papá de tu papá o tu mamá. Mi **abuelo** me regala golosinas.

asusta

Algo te **asusta** cuando te hace sentir miedo. Me **asusta** el ruido del viento en las ventanas.

ayudan

Las personas **ayudan** cuando prestan un servicio o una colaboración. Los maestros **ayudan** a los estudiantes.

B

bombero

Un **bombero** es la persona que apaga los incendios. El **bombero** usa un casco y una capa para no mojarse.

buenos

Buenos es bueno o buen en plural. Los niños **buenos** hacen todas sus tareas.

C

cama

La **cama** es donde dormimos. Mi **cama** es muy calentita.

canta

Alguien **canta** cuando dice sus palabras con música. El papá **canta** todos los días en la ducha.

carros

Los **carros** son las máquinas en las que nos movemos de un lado a otro. La autopista está llena de **carros**.

conductor

La persona que maneja un carro, un autobús o un tren se llama **conductor**. El **conductor** mandó detener el tren.

curioso

Alguien a quien le gusta saber todo y buscar todo es **curioso**. Los bebés son muy **curiosos**.

D

desastre

Un **desastre** es algo que sale muy mal. Se rompió mi vestido y la fiesta fue un **desastre.**

E

estamos

Estamos se usa para decir que nos encontramos en un lugar o que sentimos algo. Hoy estamos en la playa. Hoy **estamos** felices.

G

gracioso

Gracioso es alguien que te hace reír. El payaso es muy **gracioso.**

J

juegan

Las personas **juegan** cuando se divierten. Mis amigos **juegan** baloncesto por la tarde.

juego

Cuando **juego,** hago una actividad divertida. Yo **juego** con mis amigos a las escondidas.

L

leo

Cuando **leo** tomo un libro y entiendo lo que dice. Hoy **leo** mi libro de ciencias.

M

maleta

Una **maleta** es donde llevamos las cosas cuando vamos de viaje. Tu **maleta** tiene rueditas.

mezcla

Una **mezcla** es combinar dos cosas o más. La **mezcla** de amarillo y azul da verde.

mosca

Una **mosca** es un insecto que vuela y hace un ruido molesto. La **mosca** salió por la ventana.

mucho

Mucho se usa para decir que hay una cantidad grande de algo. Ese monstruo me dio **mucho** miedo.

P

pájaros

Los **pájaros** son los animales que tienen plumas y vuelan. En el parque hay muchos **pájaros**.

pantalones

Los **pantalones** son la ropa que usamos en las piernas. Mi tío tiene unos **pantalones** verdes.

pelota

Una **pelota** es un juguete redondo. Me gusta lanzar mi **pelota** en la playa.

R

rápido

Rápido es algo que se hace con velocidad. Ese carro anda muy **rápido**.

S

saludan

Las personas **saludan** cuando dicen "hola" o "buenos días". Mis abuelitos siempre me **saludan** al llegar a casa.

somos

Somos se usa para describir personas, incluyéndose uno mismo. Nosotros **somos** estudiantes.

T

tienes

Tienes se usa para decir que algo te pertenece. Tú **tienes** los mismos libros que yo.

tren

Un **tren** tiene muchos carritos unidos y se mueve por los rieles. Me gusta viajar en **tren.**

triste

Alguien está **triste** cuando no está feliz. Manuel está **triste** porque se rompió su pelota.

Acknowledgments

Curious George at School, text by Houghton Mifflin Harcourt Publishing, illustrated by Margret and H.A. Rey. Copyright ©2011 by Houghton Mifflin Harcourt Publishing Company. All rights reserved. The character Curious George® including without limitation the character's name and the character's likeness are registered trademarks of Houghton Mifflin Harcourt Publishing Company. Curious George logo is a trademark of Houghton Mifflin Harcourt Publishing Company.

"Damon & Blue" from *My Man Blue* by Nikki Grimes. Copyright ©1999 by Nikki Grimes. Reprinted by permission of Dial Books for Young Readers, a division of Penguin Young Readers Group, a member of Penguin Group (USA) Inc., 345 Hudson Street, New York, NY 10014 and Curtis Brown, Ltd.

"Jambo" from *Nightfeathers* by Sundaira Morninghouse. Copyright ©1989 by Sundaira Morninghouse. Reprinted by permission of Open Hand Publishing, LLC (www.openhand.com).

"Wait for Me" by Sarah Wilson from *June Is a Tune That Jumps on a Stair.* Copyright ©1992 by Sarah Wilson. Reprinted by permission of the author.

Credits

Placement Key:
(r) right, (l) left, (c) center, (t) top, (b) bottom, (bg) background

Photo Credits
3 (cl) © Rommel/Masterfile; 3 (bl) ©Colin Hogan/ Alamy; 4 (bl) © Douglas Keister/Corbis; 5 (bl) ©Underwood Archives; 5 (bl) ullstein bild / The Granger Collection; 5 (bl) Comstock/Fotosearch; 6 (bl) ©George Ancona; 6 (br) ©George Ancona; 6 (tl) ©George Ancona; 10 © Ariel Skelley/CORBIS; 10 (b) © Ariel Skelley/CORBIS; 10 (tl) © Rommel/ Masterfile; 10 (tc) ©Colin Hogan/Alamy; 11 (tl) ©Bob Krist/Corbis; 11 (tr) Ariel Skelley/CORBIS; 11 (br) ©Paul Austring Photography/First Light/Getty Images; 11 (bl) ©Dirk Anschutz/Stone/Getty Images; 13 ©Brand X Pictures/Getty Images; 14 © Rommel/ Masterfile; 15 (t) © Rommel/Masterfile; 26 © Rommel/ Masterfile; 27 © Rommel/Masterfile; 28 Ryan McVey/ Photodisc/Getty Images; 29 © Rommel/Masterfile; 30 © Heide Benser/Corbis; 30 ©Colin Hogan/Alamy; 32 ©Colin Hogan/Alamy; 32 ©Colin Hogan/Alamy; 33 (tl) © Rommel/Masterfile; 33 ©Colin Hogan/ Alamy; 34 (cl) © Photodisc / Alamy; 34 (bl) ©Juniors Bildarchiv/Alamy; 35 (tl) © Julian Winslow/Corbis; 35 (bl) ©Rachel Watson/Stone/Getty Images; 35 (cr) © Look Photography/Beateworks/Corbis; 35 (bl) © Patrick Bennett/CORBIS; 35 Corbis; 38 (br) © Nancy G Fire Photography, Nancy Greifenhagen/ Alamy Images; 38 (t) ©Amy Etra/PhotoEdit; 38 (tc) © Douglas Keister/Corbis; 39 (cr) ©Jupiter Images/ Comstock Images/Alamy; 39 (tr) ©Thomas Barwick/ Riser/Getty Images; 39 (tl) ©Sascha Pflaeging/Riser/ Getty Images; 39 (cl) ©Richard Hutchings/PhotoEdit; 40 Corbis; 55 Ryan McGinnis/Flickr/Getty·Images; 57 Bananastock/Jupiterimages/Getty Images; 58 (c) © Douglas Keister/Corbis; 58 © Douglas Keister/Corbis; 60 (tr) ©comstock/Getty Images; 60 (c) ©Photodisc/ Don Farrall, Lightworks Studio/Getty Images; 60 (cr) © Authors Image / Alamy; 60 (tl) © David Young-Wolff / PhotoEdit; 60 (bl) © matthiasengelien. com/Alamy; 61 ©Kenneth Langford/Corbis; 61 (b) ©GlowImages/Alamy; 61 © Douglas Keister/ Corbis; 66 (c) © Michael Newman / PhotoEdit; 66 (tc) ©Underwood Archives; 66 (tc) ullstein bild / The Granger Collection; 66 (tc) Comstock/Fotosearch; 67 (tl) ©Stuart Pearce/Age FotoStock; 67 (br) © David Young-Wolff / PhotoEdit; 67 (tr) Comstock/ Getty Images; 68 JUPITERIMAGES/ BananaStock / Alamy; 85 Digital Vision/Getty Images; 86 (b) ©Underwood Archives; 86 (tl) ©Underwood Archives; 86 (tl) ullstein bild / The Granger Collection; 86 (tl) Comstock/Fotosearch; 87 (tc) ullstein bild / The Granger Collection; 87 (tl) Comstock/Fotosearch; 88 (tr) ©Corbis; 88 (r) Comstock/Fotosearch; 88 (cr) Brand X Pictures/fotosearch.com; 88 (bl) © JUPITERIMAGES/ PHOTOS.COM / Alamy; 88 (br) PhotoDisc/Getty Images; 88 (cl) ©Underwood Archives; 89 (cr) ©OJO Images/Getty Images; 89 (tl) ©Underwood Archives; 89 (tl) ullstein bild / The Granger Collection; 89 (tl) Comstock/Fotosearch; 94 (tc) © Kelly Redinger/Design Pics/Corbis; 94 (b) ©Richard Hamilton Smith/Corbis; 94 (tl) ©George Ancona; 95 (cr) LOOK Die Bildagentur der Fotografen GmbH/Alamy; 95 (tl) © Michael Macor/San Francisco Chronicle/Corbis; 95 (bl) © Corbis; 95 (tr) ©Andersen Ross/Digital Vision/Getty Images; 96 (tl) ©George Ancona; 97 (bg) Jupiterimages/Getty Images; 98 (cr) ©George Ancona; 98 (tl) ©George Ancona; 99 (b) ©George Ancona; 100 ©George Ancona; 101 ©George Ancona; 102 ©George Ancona; 103 ©George Ancona;